Lk 374

ARCACHON

ARCACHON

QUELQUES NOTES

A PROPOS

DU BOULEVARD DE CEINTURE

ET DES TRAVAUX COMMUNAUX

PAR ADALBERT DEGANNE

BORDEAUX
TYPOGRAPHIE G. GOUNOUILHOU,
RUE GUIRAUDE, 11.
1862

ARCACHON

QUELQUES NOTES

A PROPOS DU BOULEVARD DE CEINTURE

ET DES TRAVAUX COMMUNAUX

Paris et Bordeaux ont leur boulevard ou chemin de ceinture, Arcachon devait ambitionner l'honneur d'avoir le sien. Je suis loin de blâmer cette ambition; je l'approuve au contraire hautement. Je suis de ceux qui ont foi entière dans un avenir brillant pour Arcachon, et je l'ai prouvé de reste par mes actes. Mais c'est en raison même de la grandeur des destinées que je crois réservées à notre cité, que je ne voudrais pas voir traiter les premiers travaux de sa fondation avec une mesquinerie de vues digne, tout au plus, d'une mince bourgade. Vous avez raison de chercher à imiter Bordeaux et surtout Paris, dans leurs efforts pour tracer à grands traits des boulevards, des avenues, dont l'aspect grandiose arrache des cris d'admiration à tous les étrangers qui les visitent.

Molière l'a dit il y a longtemps :

> Quand sur une personne on prétend se régler,
> C'est par les beaux côtés qu'il lui faut ressembler.

Les vérités que le poète a mises dans la bouche d'*Armande* sont impérissables ; tâchez donc d'en faire votre profit, et suivez le conseil qu'il vous donne. Vous le pouvez d'autant plus facilement, qu'en vous modelant sur les idées larges des édiles parisiens en matière de voies publiques, vous n'avez pas comme eux à lutter contre de petits obstacles qui avaient pour eux des siècles de durée ; vous taillez en plein drap, et si vous faites de l'étroit ou du raccourci, c'est que vous le voulez bien. Vainement vous retrancherez-vous derrière l'exiguïté de vos ressources ; tous les gens sages vous répondront avec moi : mieux vaut faire peu et bien, que beaucoup et mal. Il est d'ailleurs une chose certaine, c'est qu'il en coûte autant pour mal faire que pour bien faire; le goût seul de ceux qui président à l'exécution fait la différence.

Depuis longtemps il était question d'établir à Arcachon un boulevard ou chemin de ceinture. Le tracé de ce boulevard avait été indiqué l'année dernière, au mois d'octobre, par un ingénieur, propriétaire à Arcachon, mais qui habite Paris. Partant de l'église paroissiale, il venait rejoindre le passage à niveau qui est près de la gare d'Arcachon, et, de là, se dirigeait sur la chapelle Saint-Ferdinand. En reliant ainsi les deux églises d'Arcachon, ce tracé avait en outre l'avantage de mettre tout le quartier Saint-Ferdinand, dans lequel sont compris le Mouëng et l'Aiguillon, en communication directe avec la gare du chemin de fer, au moyen du prolongement de l'avenue latérale jusqu'à la rencontre du chemin de ceinture. On raccourcissait ainsi de 450 mètres environ la distance à parcourir pour se rendre de Saint-Ferdinand à la gare.

Les connaissances spéciales et la grande expérience de l'ingénieur qui proposait ce tracé, recommandaient à tous égards l'adoption de ce projet.

Cependant, à peine fut-il connu des propriétaires et habitants du quartier Saint-Ferdinand, que ceux-ci s'empressèrent de réclamer auprès de l'administration municipale. Ils firent valoir, non sans raison, que le but d'un boulevard de ceinture, indiqué par sa dénomination même, était d'englober toute la commune et de fournir aux promeneurs les moyens de parcourir tout le pays, à cheval ou en voiture, sur une voie d'une longueur et d'un développement convenables, et qu'en se bornant à conduire ce boulevard jusqu'à la chapelle Saint-Ferdinand pour y rejoindre la route départementale, on laissait en dehors tout le quartier Est de la commune, envers lequel on commettait ainsi un déni de justice.

Ils étaient loin de repousser l'exécution du chemin de Saint-Ferdinand à la gare; mais ils demandaient que le boulevard de ceinture fût tracé de manière à ce que, en quittant le passage à niveau du chemin de fer, il fût dirigé vers l'extrémité Est de la commune, traversant la route départementale à la hauteur de la pointe de l'Aiguillon et venant rejoindre à son extrémité Est la rue portant actuellement le nom de *rue Saint-Honoré,* que forme le prolongement naturel du boulevard de la plage.

Cette demande des habitants du quartier Saint-Ferdinand, du Mouëng et de l'Aiguillon, était rationnelle; il était assez difficile de la repousser, et l'Administration municipale se vit obligée de lui faire accueil. Seulement, elle décida que le boulevard de ceinture, après avoir traversé le passage à niveau, prendrait le moins possible sur ma propriété, au milieu de laquelle passe le chemin de fer, et longerait d'un bout à l'autre, du Midi au Nord, la propriété de MM. Bourdaud et Ribert, pour aller déboucher sur la route départementale, à 300 mètres environ de l'extrémité Est du territoire d'Arcachon.

Un extrait du plan d'Arcachon que je joins ici facilitera l'intelligence de mon raisonnement.

Cette décision était de nature à ne donne satisfaction à aucun des intérêts engagés dans la question. Les habitants du quartier Saint-Ferdinand, du Mouëng et de l'Aiguillon, y perdaient la communication courte et facile que le projet primitif leur promettait avec la gare du chemin de fer, et ceux du Mouëng et de l'Aiguillon, spécialement, voyaient consacrer leur séparation d'avec l'ensemble de la commune, car le boulevard de ceinture allait remonter vers l'Ouest par la route départementale, laissant complétement en dehors de l'enceinte tout leur quartier.

Ils réclamèrent de nouveau, et je crois savoir que, pour soutenir ce dernier tracé, M. le Maire mit en avant l'inconvénient d'une nouvelle modification qui obligerait à emprunter encore un passage sur ma propriété. Cependant, et à force d'instances, les réclamants obtinrent que le nouveau tracé serait modifié en ce sens qu'à 100 mètres environ avant d'arriver à la route départementale vers l'Est, il quitterait la propriété de MM. Bourdaud et Ribert pour traverser la mienne dans l'angle Nord-Est, et déboucher sur la route départementale vers l'Est du point désigné dans le tracé précédent.

Plus tard, le boulevard de ceinture devait franchir la route départementale, se prolonger vers l'Aiguillon, et remonter ensuite de l'Est à l'Ouest par la rue Saint-Honoré jusqu'au boulevard de la plage, que l'on rejoindrait à la hauteur de la propriété de M. Bert.

Quelques démarches furent faites auprès de moi pour obtenir la cession du terrain nécessaire à la réalisation de cette dernière modification. J'avoue franchement que je m'y refusai, non pas par cupidité, comme on veut bien le dire (je prouverai tout à l'heure, par les propositions que j'ai faites au Conseil municipal, que je suis loin de mériter ce reproche), mais parce que ce tracé, tourmenté, plein de détours, n'avait rien de ces allures franches, larges, décidées, qui sont la condition première d'une voie destinée à être la plus belle et j'oserai dire la seule promenade que la cité d'Arcachon puisse offrir à ses visiteurs.

Les édiles arcachonnais n'ont alors trouvé rien de plus simple que d'en revenir à leur second tracé, c'est-à-dire à celui qui fait déboucher leur prétendu boulevard de ceinture sur la route départementale, à 300 mètres à l'Ouest avant la limite du territoire d'Arcachon, et sans aucune communication avec le quartier du Mouèng et de l'Aiguillon, qui reste ainsi à l'état de faubourg.

Cette détermination, qui ne puise sa raison d'être que dans le parti pris par Messieurs de la Municipalité d'éviter à tout prix, même au prix de l'absurde, tout contact avec telle ou telle propriété à traverser, ne peut pas être sanctionnée par l'autorité supérieure. Évidemment, le chemin ainsi tracé n'est plus un boulevard de ceinture : ce sera un sentier de plus, pratiqué à travers la forêt, avec l'intelligence qui a dirigé l'établissement des rues comprises entre la mairie et l'allée de l'ancienne chapelle, quartier qu'un haut fonctionnaire administratif appelle si plaisamment *le ventre de M. le Maire*.

Ce qu'il faut faire, ce qui est indispensable, ce qui sera, lors même que l'on persisterait dans la voie malheureuse dans laquelle on veut entrer et que la force des choses finira par faire abandonner, parce que la vérité et la raison triomphent tôt ou tard de l'erreur et de l'entêtement, ce qu'il faut, c'est qu'après avoir traversé le passage à niveau, qui est un point de sujétion, le boulevard de ceinture se relève hardiment en franchissant la dune vers l'Est, pour redescendre, par une grande ligne courbe, jusqu'à la route départementale, à peu près à l'extrémité de la commune. A la rencontre de cette route et du boulevard, il sera établi une belle place circulaire qui formerait l'entrée principale de la ville d'Arcachon; puis, le boulevard de ceinture, après avoir traversé la route, descendra vers la pointe de l'Aiguillon parallèlement et à cent mètres environ de la plage de l'Aiguillon, qui fait face à La Teste. Parvenu à l'Aiguillon, le boulevard de ceinture se relierait à la rue Saint-Honoré, devenue le prolongement du boulevard de la plage, et les promeneurs, après avoir admiré tous les beaux sites de la forêt traversée par le chemin de ceinture, jouiront du coup-d'œil intéressant qu'offrent les élégantes et pittoresques constructions qui bordent le boulevard de la plage sur un développement de 4,800 mètres, depuis l'Aiguillon jusqu'à la dune de Bernet. Je dis jusqu'à Bernet, parce qu'il est évident que le prolongement de la route départementale ou du boulevard de la plage dans cette partie, voté depuis longtemps, et pour lequel des fonds ont été alloués par le Conseil général, ne peut être ajourné davantage.

En même temps que ce boulevard de ceinture doit s'exécuter dans des conditions que je viens d'indiquer, il faut aussi relier la chapelle Saint-Ferdinand à la gare du chemin de fer par une avenue de 25 mètres de largeur qui ira rejoindre l'avenue latérale du chemin de fer à la rencontre de cette dernière avenue avec le boulevard de ceinture.

J'entends d'ici Messieurs de la Municipalité d'Arcachon se récrier sur l'impossibilité d'exécuter ce plan, en raison de la dépense qu'il entraînerait, en raison surtout des exigences des propriétaires dont il faudrait traverser les terrains, et notamment de ceux dont la cupidité prétendue est devenue proverbe à la Mairie. Eh! Messieurs, est-ce que des administrateurs de génie, des administrateurs qui prétendent au titre de fondateur d'une cité, s'arrêtent devant de pareilles considérations? Voyez M. de Tourny, quand il a tracé ces beaux cours qui ont immortalisé son nom, quand il a ouvert les magnifiques rues de l'Intendance et du Chapeau-Rouge, qui font de Bordeaux une des plus belles villes de France, quand il a ordonné cette façade du port que tous les étrangers admirent, s'est-il demandé ce que cela coûterait? Non, il s'est dit : Cela est beau, cela est digne, cela est grand, donc cela sera. Et, de nos jours, quand, à Paris, on a traversé le cœur de la ville par une voie comme le boulevard de Sébastopol, quand on a créé le boulevard de Malesherbes, quand on a achevé le Louvre, la question de dépense a-t-elle été mise dans la balance? Non sans doute. Il fallait que Paris frappât le monde entier en lui offrant de nouvelles merveilles; les édiles parisiens se sont mis à l'œuvre, les merveilles ont surgi, et l'univers a applaudi.

Au surplus, que vous en coûtera-t-il donc pour établir votre boulevard de ceinture, l'avenue de Saint-Ferdinand à la gare, et le prolongement du boulevard de la plage jusqu'à la dune de Bernet, dans les conditions de parcours, de largeur et de bonne confection que j'indiquais tout à l'heure?

Que vous coûteront les terrains? Rien, soyez en certains, car il n'est pas un propriétaire qui ne soit disposé à vous en faire la cession gratuite, le jour où vous présenterez des projets qui indiqueront de votre part l'intention de faire de bonnes, grandes et belles choses. Ceux mêmes que vous considérez comme un obstacle presque invincible à la réalisation de vos plans, seraient les premiers à vous seconder si vous renonciez à vos idées étroites et mesquines.

Que vous coûteront les matériaux ? Fort peu de chose, grâce au concours bienveillant que vous prête la Compagnie du Midi, inspirée par M. Émile Pereire, qui s'est voué à la prospérité d'Arcachon.

Reste donc la main-d'œuvre. Convenez que la question de dépense, réduite à ces proportions, n'en est plus une.

D'ailleurs, je vous l'ai déjà dit, et je ne cesserai de vous le répéter : quand on veut établir la renommée d'une cité, quand on veut y appeler les étrangers, sans lesquels il n'y a pas pour elle d'existence possible, c'est par des travaux larges, grandioses et bien entendus qu'il faut procéder. Quelle que soit la dépense que ces travaux entraînent, il est de bonne administration de ne pas hésiter à la faire; c'est une semence qui rapportera des récoltes abondantes.

Maintenant, et avant de quitter cette question d'établissement du boulevard de ceinture et des deux autres voies que je soutiens être indispensables, voyons donc, Messieurs de la Municipalité, quelles sont les prétentions excessives qui, par cupidité, selon vous, entravent tous vos projets d'amélioration :

On vous a refusé, cela est vrai, la cession gratuite de terrains que vous réclamiez pour l'exécution de travaux mal conçus, rétrécis et sans but utile, et en cela on n'a fait qu'appliquer un axiome de l'illustre Royer-Collard, axiome que nous avons pris pour épigraphe de cet écrit. Mais si vous aviez présenté des plans convenables, appropriés aux besoins et aux améliorations réelles de la cité, c'eût été avec empressement que l'on eût secondé vos efforts. Ce qui le prouve, c'est la lettre que vous avez reçue récemment et que je transcris ici :

« Arcachon, 10 novembre 1861.

» *A MM. les Membres du Conseil Municipal.*

» Messieurs,

» J'ai l'honneur de vous adresser les propositions
» suivantes :
» 1° De céder gratuitement à la commune le terrain
» de l'avenue Sainte-Marie, à la condition de rembour-

» ser les dépenses des travaux de terrassement et d'em-
» pierrement d'après une estimation faite par les agents
» de la Compagnie du Midi. Ce remboursement pour-
» rait être effectué par annuités.

» 2° De céder gratuitement à la commune le terrain
» de l'avenue de Saint-Arnaud, depuis l'angle sud-est
» de la propriété de M. de Tartas jusqu'à la propriété
» de MM. Morichon et Miran. Cette avenue serait em-
» pierrée sur six mètres de largeur, bien qu'elle ait 20
» mètres. Le sol étant naturellement nivelé, les terras-
» sements seront peu importants.

» 3° De céder gratuitement l'emplacement occupé
» par les allées de Tourny, depuis l'avenue du château
» jusqu'à l'avenue Euphrosine. En ce moment les tra-
» vaux coûtent 44,000 francs. La dune de 15 mètres
» de hauteur ayant été prise en diagonale, donne un
» cube en chiffres ronds de 60,000 mètres. Je ne de-
» mande rien pour ces travaux; la commune se char-
» gera seulement du procès de la dune du sieur Richon,
» procès que j'ai soutenu et qui aurait dû l'être par la
» commune puisqu'il roule sur un terrain qui était des-
» tiné à être tôt ou tard livré au public.

» Il résulte de ces diverses propositions, que nous
» donnerions, Mme Deganne et moi, à la commune :

» 1° Avenue Sainte-Marie, 400 mètres de
» longueur sur 12 mètres, soit 4,800 mètres
» carrés, à 5 francs. . . . . F.   24,000
» 2° Avenue de Saint-Arnaud, 370 mètres
» de longueur sur 20 mètres de largeur, soit
» 7,400 mètres, à 2 fr. 50 cent.   18,500

A reporter. . . . . F.   42,500

Report. . . . . F.	42,500
» 3° Allées de Tourny, 270 mètres de longueur sur 25 mètres de largeur, soit 6,750 mètres carrés, à 8 francs.	54,000
» 4° Terrassement des allées de Tourny suivant la nouvelle direction qui évite la dune du sieur Richon.	44,000
» Total des sommes que nous céderions. F.	140,500

» Ces trois avenues étant très-larges et parfaitement tracées, la commune est assurée de n'avoir jamais rien à payer pour redressements ou élargissements de ces voies.

» Si le Conseil municipal veut bien désigner un ou plusieurs de ses Membres pour s'occuper des détails, je suis prêt à les entendre; mais si le Conseil ne prend pas de décision pendant la session qui va s'ouvrir, mes propositions seront nulles.

» Veuillez agréer, etc.

» Ad. DEGANNE. »

Voilà donc l'homme cupide, l'homme dont l'argent est le seul mobile, qui offre de vous céder *gratuitement,* GRATUITEMENT entendez-vous bien :

1° L'avenue de Sainte-Marie, ouverte sur une longueur de 400 mètres;

2° L'avenue de Saint-Armand sur une longueur de 370 mètres;

3° Les allées de Tourny, ouvertes sur une

largeur de 25 mètres, largeur que vous devriez donner à toutes vos voies principales ;

4° Les terrassements des allées de Tourny s'élevant à 44,000 francs.

Il est vrai qu'après vous avoir offert *gratuitement* le terrain occupé par ces trois avenues et les travaux des allées de Tourny, produisant ensemble une somme de 140,500 francs, on vous a demandé de rembourser, *à dire d'experts*, les dépenses faites pour l'une de ces avenues. Mais ces dépenses, n'auriez-vous pas dû y pourvoir vous-mêmes si le propriétaire n'en avait fait les avances ; et pouvez-vous taxer d'exigence immodérée, de cupidité enfin, la demande du remboursement de ces avances *à dire d'experts*?

Il est vrai, encore, qu'afin d'éteindre un procès occasionné par la percée des allées de Tourny, on vous demandait de faire votre affaire de ce procès, qui certainement se fût éteint le jour où la personne contre laquelle il était dirigé y eût paru désintéressée.

Il est vrai enfin qu'en récapitulant la valeur des *concessions gratuites* que l'on vous proposait, on était arrivé à un chiffre de 140,500 francs ; mais il n'est pas possible que vous ayez pris le change et que vous vous soyez mépris au point de penser que ce chiffre, que l'on vous indiquait comme valeur des concessions *gratuites* proposées, était réclamé à titre d'indemnité. C'est cependant ce que pourrait donner à penser la réponse que vous avez faite et que je transcris ici :

« Arcachon, 11 novembre 1861.

» *Mairie d'Arcachon.*

» Monsieur,

» J'ai communiqué au Conseil municipal, dans sa
» séance d'hier, la lettre que vous lui avez écrite à la
» date du même jour, et contenant des propositions re-
» latives à la cession, par Mme Deganne et vous, à la
» commune, de certaines voies que vous avez ouvertes
» sur vos propriétés.
» Le Conseil municipal, que vous aviez mis en de-
» meure de se prononcer dans cette session, a trouvé
» vos propositions trop onéreuses pour la commune et
» ne les a pas acceptées.
» Agréez, Monsieur, etc.
» *Pour le Maire* empêché,
» *L'adjoint* : LUSSON THOMAS. »

Ainsi, Messieurs, dans votre session constitutionnelle du 10 novembre, qui a duré environ une demi-heure, vous avez eu le loisir d'examiner avec maturité les diverses affaires qui vous ont été soumises, et notamment la proposition que je viens de rappeler, qui, à elle seule, eût peut-être mérité quelques heures d'étude et les honneurs d'un renvoi à une commission. Je désire que ceux qui ont concouru à cette décision n'éprouvent jamais aucun regret d'un refus aussi mal motivé.

Quant à moi, j'ai tenu à prouver par l'exposé fidèle que je viens de faire, que la proposition si cavalièrement repoussée, était empreinte d'un caractère de loyauté, de désintéressement et de véritable amour du pays qui ne justifie en rien l'accusation de cupidité trop légèrement répandue à cette occasion.

Et quand je dis que la mesquinerie des idées des Administrateurs d'Arcachon me met en défiance contre leurs projets et m'empêche d'en seconder l'exécution par un concours gratuit et volontaire, ai-je donc si grand tort? Qu'a-t-elle fait cette Administration dont les coryphées exaltent tant le mérite?

Elle a commencé par laisser détruire la magnifique avenue de chênes séculaires qui conduisait de la plage du bassin à l'ancienne chapelle. Cette avenue était-elle donc trop large ? Les arbres qui la décoraient étaient-ils donc trop beaux ? Ces arbres, on les a laissé abattre, et l'avenue a été réduite aux minces proportions d'une rue.

Elle a fait construire une Mairie que l'on décore de temps en temps du nom pompeux d'*Hôtel-de-Ville*. Cette Mairie a pour vestibule un marché, et vous ne pouvez arriver à M. le Maire ou à MM. les Membres du Conseil Municipal qu'en foulant aux pieds des débris de poisson, de légumes de toute sorte, et en grimpant un escalier en bois qui ne ressemble pas mal à celui d'un pigeonnier. Pour combler la mesure, elle a laissé inscrire sur la façade du bâtiment, à côté du titre *Mairie*, celui de *Charcuterie*. Accouplement étrange qui donne à rire à plus d'un mauvais plaisant. Évidemment ce bâtiment ridicule, avec les émanations infectes de son vestibule, ne peut pas être conservé pour sa destination d'Hôtel-de-Ville. Il faut qu'on le vende, et on le vendra, ne fût-ce qu'à l'industriel qui a si audacieusement placé son enseigne à côté de celle de l'Administration municipale. Eh ! à quoi sert une

Mairie, surtout ainsi placée? Dans la saison des bains, les gens qui ont l'odorat un peu délicat se gardent bien d'en approcher. Dans l'hiver, personne n'y a affaire, si ce n'est pour les déclarations de naissance, de décès, ou les mariages, ce qui se ferait tout aussi bien chez M. le Maire ou chez son Adjoint; et quant à MM. les Conseillers municipaux, pour la demi-heure par trimestre qu'ils emploient aux graves et sérieuses délibérations qui intéressent la commune, ils la passeront tout aussi bien et tout aussi utilement dans le salon de M. le Maire. Que l'on se débarrasse donc de cet édifice à deux fins, sauf, plus tard, et lorsque les circonstances le permettront, à construire un hôtel-de-ville digne, par sa position et par ses proportions, du bel avenir réservé à Arcachon, et surtout de la visite tant et si justement désirée du Chef de l'État, que la Municipalité d'Arcachon serait, dans l'état actuel des choses, bien embarrassée de recevoir, car elle ne voudrait probablement pas accepter pour ce noble usage le seul édifice qui en soit digne.

Elle a voulu donner de l'eau potable et limpide aux habitants et aux visiteurs d'Arca-

chon. Certes l'intention était louable; mais on s'y est pris avec tant d'habileté, que cette eau, si impatiemment attendue, s'est convertie en brouillard, et qu'après avoir dépensé en pure perte une somme assez ronde, on a dû, pour essayer de faire disparaître les traces de cette déconvenue administrative, enlever les bornes-fontaines, sans espoir de retour. Que n'a-t-on pu en même temps enlever les tuyaux qui gisent encore sous la terre, et démolir le château-d'eau et le moulin à vent sur lesquels reposaient tout l'espoir de cette malencontreuse opération, et qui se maintiennent là comme preuves matérielles et très-palpables de l'inhabileté des Administrateurs. Mais pour opérer cette démolition et cet enlèvement il aurait fallu ajouter d'autres dépenses à celles qui ont été faites, et certes ce serait le cas de répéter aux honorables négociants qui font partie du Conseil municipal d'Arcachon, la question que M. Lavertujon, dans sa brochure sur les eaux de Bordeaux, adresse à l'Adjoint chargé des travaux publics de cette ville:
« MM. Célérié, Nath. Johnston, Gièse et Fonteneau, sont des hommes très-intelligents, des négociants habiles et distingués: qu'ils nous

disent combien de temps ils garderaient dans les bureaux de leurs maisons de commerce des employés qui géreraient leurs affaires aussi bien qn'on a géré celles de la ville d'Arcachon dans l'entreprise des eaux ? »

On a évalué à un quart de la dépense totale les sommes mal employées dans la construction des fontaines de Bordeaux ; à Arcachon, non seulement tout est perdu, mais il faudra de nouvelles dépenses pour détruire ce qui reste.

Elle a décrété l'empierrement des petites rues qui conduisent de la route départementale au bassin. Rien n'était plus simple, plus élémentaire que l'empierrement de ces rues. Il fallait prendre l'axe de la route, et à l'autre extrémité la laisse des hautes marées, et empierrer à plein voyant, c'est-à-dire en pente uniforme. De cette manière, les eaux pluviales étaient dirigées vers le bassin. Au lieu de cela, on a fait des rues en dos d'âne, versant au Midi sur la route, au Nord dans le bassin. Quelques-unes de ces rues ont même été gravées avec si peu de soin, qu'aujourd'hui la grave a disparu sous le sable, et que la circulation, soit à pied, soit en voiture, y est devenue plus difficile et plus fatigante qu'auparavant, alors que l'on circulait sur un terrain battu. Ce sont encore des travaux à refaire, car il ne suffit pas de dire nos rues sont empierrées, il faut encore que cet empierrement soit fait selon les règles de l'art.

Elle a créé un garde-champêtre dont la fonction la plus apparente est d'aller à la poste chercher les lettres et les journaux de M. le Maire, qu'il soit absent ou présent; et cependant le *Manuel du Maire,* par Paul Cère, à la page 5, nous dit : « On ne doit jamais oublier » que le garde-champêtre n'est pas payé pour » faire les courses du Maire au détriment de » la surveillance due aux autres habitants. »

Elle a subventionné sur les fonds de la commune un journal qui se publie tous les étés, du 1er juillet au 15 octobre. Le but principal, sinon unique, de ce journal, paraît être de chanter les louanges de l'Administration municipale et de ses adhérents. Pour paratonnerre contre les foudres du parquet, cet heureux journal a la collaboration et emprunte la signature de M. le Maire, sous l'égide de qui il ose parcourir les horizons les plus vastes;

tandis qu'un journal rival s'est vu condamner à la prison pour un article de voirie, thèse érigée par la jurisprudence en dissertation sociale et politique.

Si à cette triste nomenclature des faits, gestes et travaux de la Municipalité d'Arcachon, nous opposons ce qui a été fait par d'autres et sans elle, nous trouvons :

En première ligne, la prolongation du chemin de fer ;

La belle avenue latérale à la gare ;

L'avenue qui conduit de la gare à la route départementale en face du château ;

Le château lui-même ;

L'avenue Euphrosine ;

L'avenue de Saint-Arnaud ;

L'avenue Sainte-Marie.

(Toutes ces voies sont développées sur une largeur imposante) ;

L'église paroissiale et son clocher, dus uniquement au zèle et à la persévérance de M. le curé Mouls ;

La chapelle Saint-Ferdinand, que les sacrifices personnels de M. Célérié et des divers propriétaires du quartier ont fait édifier ;

Et enfin de belles et nombreuses villas dont

la pittoresque élégance et le confortable intérieur charment les étrangers et les convient au retour.

Certes si ce que vous avez fait avait été conçu et exécuté avec cet amour du grand et du beau qui a présidé à tout ce que vous n'avez pas fait, chacun de nous, soyez-en sûrs, Messieurs de la Municipalité, eût considéré comme un devoir de vous seconder dans l'exécution de vos projets, et, sous l'impulsion de nos efforts communs, Arcachon eût pris un aspect grandiose et digne des destinées qui lui sont réservées, je l'espère. Mais tant que vous vous obstinerez à rester dans la voie routinière où vous êtes entrés, tant que vous préférerez la flatterie à la vérité, aux conseils sincères et désintéressés, tant que vous n'écouterez que vos prétentions, tant que vos projets d'amélioration conserveront ces allures écourtées et mesquines qui ne donnent satisfaction à aucun des besoins présents ou à venir, ne comptez pas sur notre concours, et ne soyez pas surpris de nous voir enrayer par tous les moyens en notre pouvoir, le char administratif que votre aveuglement conduit à l'abîme.

Je suis loin de me flatter que mes paroles puissent exercer la moindre influence sur vos déterminations et vous ramener dans la voie que je crois la plus sûre et la plus avantageuse au pays, mais j'ai cru nécessaire, pour beaucoup de personnes (surtout pour une) aux yeux desquelles vous travestissez nos intentions, de publier les véritables motifs de l'opposition dont vous vous plaignez constamment et avec tant d'amertume. Je laisse à ceux qui vous ont entendu et qui me liront à juger entre nous.

Arcachon, 25 novembre 1861.

www.ingramcontent.com/pod-product-compliance
Lightning Source LLC
Chambersburg PA
CBHW070656050426
42451CB00008B/386